LA CÉLEBRE DESCARGA
DE LA CABALLERÍA LIGERA

Fonseca, Gonzalo
La célebre descarga de la caballería ligera
1ª ed.: abril de 2015
90 p.; 13 x 20 cm.
ISBN 978-9974-8504-0-8

Director editorial: Jorge Montesino
Diseño a cargo de la editorial
Fotos de tapa e interior: Matilde Silvera

La célebre descarga

de la

caballería ligera

GONZALO
FONSECA

TSE

Prólogos de la vida

(y guía y asistencia para mamaos)

Sírvase una: la casa invita. Y vamos a mirar unas fotos y a prosear un rato. Una foto: en ésta Gonzalo Fonseca, autor, aparece de medio cuerpo, parado en una esquina de Lascano, ciudad rochense, bajo un cartel con nombre de calle: DR. VICTOR GALCERÁN FONSECA. Y se ve una urbana línea de casas decimonónicas, de típicas fachadas de portal y ventanas abalconadas y una vereda de prolija cuadrícula. El nomenclátor lascanense resalta el nombre del abuelo de Gonzalo. Por los relatos del nieto, al leer el cartel callejero la foto se hace película, una especie de western (eastern en este caso) con protagonista mezcla de Lee Van Cleef y Vittorio Gassman, médico recién recibido y recién casado, que se establece en pueblo del campo uruguayo de 1940 (San Luis al Medio) primero y diez años después en Lascano, en la frontera entre el arroz y la ganadería. La película es de esas de larga saga, con momentos intensos pero pautando un tiempo de décadas. La ciudad crecerá y el protagonista irá cumpliendo el rol de tal entre roles sociales: médico y un poco periodista y poeta, vecino de pro, legionario de la cruzada ilustrada del batllismo, en cuyo cometido llegará a la mismísima Intendencia de Rocha, a la que renunciará para seguir lascanense impertérrito ("improsulto", hápax con que un vecino amigo de su hijo describirá un caballo suyo). El periodista, adquiere unas comillas para el oficio escribiendo crónicas sociales, observaciones, retratos de personajes, cercanos a los artículos de costumbres de Larra o el uruguayo Isidoro de María. Pero…: con el nieto de Galcerán, actual autor culpable de estos prólogos, hemos releído sus escritos publicados en prensa de la época; en atardeceres con mate amargo y ron o ginebra Martín Fierro regando una amistad; nosotros, que gustamos del juicio socarrón o sarcástico, nos sentimos pitucos de tecito con jengibre frente a las pócimas de ortiga y genciana que infundía el doctor… Como poeta, lo fue de su tiempo y de su circunstancia. Las tintas del romanticismo tardío y de la poesía social se espesan en sus versos. Sobrio y duro el poeta: no pretende nada que desconozca su condición de protagonista del eastern en ese pueblo de frontera, en un rincón del mundo, eso sí, "su" rincón del mundo. Un poema suyo nos movió las raíces: "Canto al revólver".

CANTO AL REVÓLVER

Yo sé que eres mi dueño,
Y sé también que un día
Sellarás en mi boca la mordaz ironía
En el silencio pleno del gran sueño.

Sé que eres el compendio de todas mis locuras,
De mis ansias extrañas, de mi amor vagabundo,
Capítulo supremo de muchas aventuras
Y que, por ser el último, eres hosco y profundo.

Sé que hacia ti yo marcho, sediento peregrino,
hacia la fuente oscura de pureza inviolada
Sé que marcho hacia ti porque tú en mi camino
Eres punto final, fatal encrucijada
De mi absurdo destino.

Sé que tú me desprecias por débil y cobarde,
Pero... aguarda, aún no es tiempo, ya llegará la hora
En que cogeré el oro de la postrera tarde
Para que me proteja tu piedad redentora.

Cuando yazga la rosa de mi vida deshecha
Yo tendré que cobrarle su tributo a la vida;
Me asiré a tu cariño que en la sombra me acecha,
Bajo un cielo de sangre seré una gran herida.

Al contemplar en lo hondo de tu caño vacío
La llama redentora de angustias y miserias
Seré el único dueño de mi libre albedrío
Y un gran río de júbilo correrá en mis arterias.

Rojo clavel de sangre semejará la herida,
Se apagará mi risa en la mueca macabra,
Y el estertor agónico de la carne rendida
Forjará la ternura de la postrer palabra.

Lo escribió a los 30 años. Y 75 años después lo sobreim-
primimos en la pantalla, casi al final de la película: el eastern
se nos ha bergmaniado un poco, tiene luz y clima de
"Séptimo Sello" y música de violín de Becho Eizmendi,
extraña, entrecortada... Lívido crepúsculo lascanense:
Fonseca grande, anciano y en buscada soledad, levanta
lentamente el caño empavonado, como llevando el índice
a la sien para un pensamiento último y jala el gatillo. En
el silencio que disipa el disparo, brilla una verdad de ceniza:
la del ser que para ser, hace de la propia muerte parte de la
propia vida y muere como vivió, coherente hasta con un
poema escrito a mitad de jornada. Queda la dudosa palabra
FIN transfundiéndose en el tiempo y nos ponemos a mirar
otra foto.

Otra vez, y otra vez, una de las fachadas de la foto anterior, en toma más cercana, con cuatro personas sentadas a su frente: Víctor Galcerán Fonseca; Víctor Fonseca, hijo de Galcerán; Gonzalo Fonseca, hijo de Víctor; Jerzy Fonseca, niño, hijo de Gonzalo... Foto de genealogía. ¡Otra que película!, imposible, porque no somos actores y porque a Víctor lo conocimos, ya maldonauta y en aire de veteranía, por los años de la restauración democrática: anfitrión sencillo y "compañerazo", siempre el mismo, él mismo, en su trabajo y en su sindicato y en su casa: delgado, afable, moviéndose con un involuntario señorío. Aún renunciando a la película, habrán de entrar en la conversación escenas de su niñez lascanense, como hijo del médico cowboy, su juventud... Cosas del ADN: el batllismo se hace independencia y construcción de la unidad de la izquierda en la fragua de los '60, militancia setentista tironeada cuartel adentro, perseguida, destituida... La poesía romántica y ortigosa de Galcerán, se becqueriza y se inocenta en Víctor; y las crónicas costumbristas se impregnan de humor y se hacen "Relatos Rochenses" (inéditos hasta hoy, poesías y relatos).

Sírvase otra, ya que está. Y para salpicar la remembranza, mechemos un par de anécdotas de ahora nomás. Hace unas semanas, unas cuantas, con mate y refugiados en la oficina del fondo, con Gonzalo agregábamos otro "fuera de hora" de carpintería de ribera: armado, pulido y calafateado de este libro. Prolijo ya en orden de entramado, secciones, títulos y subtítulos y toda una ecología de etcéteras, el libro (¿improsulto?) reclamaba su nombre, título de títulos. Celebróse con risa y sobriedad oficinesca (sólo mate y nada de valetrago: había una inauguración en un rato y el poeta, además, manejaría después hasta los aiguases del lejano norte) la ocurrencia: "La Célebre Descarga de la Caballería Ligera": con neblinosa claridad y gracia, define el contenido...

Bueno, conque sí. La otra anécdota es de unos (¿cuántos?) días después, cuando llegó la hora de elegir un relatillo de Víctor para probanza de estos prólogos de la vida. Mire lo que se encontró y dígame si es que ya están pesando los tragos, o es nomás, una parte del backstage de la película de antes, esto que vamos a leer, con el héroe cowboy doctor resucitado y hasta dama en esplendor que le cuida:

DE JINETES

VÍCTOR FONSECA

Tal vez fuera en aquellos tiempos muy pequeño –seguramente lo era– y ello hacía que viera enorme a aquel animal. Altísimo, fuerte, blanco y con un ojo solo.

No estoy recordando, sin embargo, a una criatura de pesadilla o cuento fantástico. No era una aparición fantasmagórica. Era simple y sencillamente un caballo. Un bello y manso caballo, a lomos del cual mi padre iba las más de las veces a atender los enfermos más alejados.

Cuando lo llamaban de lejos o de muy lejos, era a él al que elegía. Por dos razones importantes: tranquilo y volvedor. Estaba seguro, y lo comprobamos muchas veces, que si el cansancio y el sueño lo vencían, el buenazo del tordillo lo traería a casa.

Metido bajo las cobijas, tapado hasta la cabeza y bien calentito, en crudas altanoches invernales, recuerdo haber oído más de una vez, sobre la dura tierra del

11

patio, el "placa placa" de los cascos del tordillo tuerto que se detenía. Después, el silencio. Pasados unos minutos, mi madre se despertaba y, saliendo, despertaba a mi padre que, de sombrero y poncho de paño, roncaba plácidamente sobre el lomo de su caballo, con el bigote blanco de escarcha.

Yo, de gurí, supe ser muy corajudo en el asunto de las cabalgatas. Ya desde muy chico, no había casi día en que mi pobre madre no tuviera que salir despavorida, a los gritos y amenazas, para que bajara de algún caballo que, sin conocerlo pero sin ningún temor, había desatado del palenque mientras su dueño –a quien la mayoría de las veces tampoco conocía– estaba encerrado en el consultorio.

Sin embargo, casi siempre lograba el éxito en mi misión y sólo se daban cuenta de ello cuando volvía, a carrera tendida, por el camino aquel de tierra suelta que continuaba hasta Barrancas (o aún más allá... hasta donde no llegaban mis conocimientos).

A unas cuadras de mi casa, justo en la mitad de la calle, había un coronilla enorme, al que el camino a-brazaba por ambos lados. Hasta allí iba yo….. daba vuelta al árbol en el caballo de turno y salía –como alma que lleva el diablo– otra vez hacia mi casa.

Tal vez fuera cosa de buena suerte o tal vez fuera que en verdad era buen jinete; lo cierto es que nunca me volteó un caballo, pese a todas mis locuras.

Ha quedado grabado en mi memoria, con caracteres indelebles, un hecho que ocurrió una vez, justamente por mi manía de correr a caballo…

…La calle principal de San Luis al Medio era un largo, largo lodazal, con un extremo hacia Barrancas y el otro hacia 18 de Julio (en aquella época conocido por San Miguel).

Por el medio de ese fangal venía yo –siete u ocho

años– al galope tendido de una yegua zaina, de poca alzada, fina y ágil. Unos metros más atrás mi padre, al trote largo de su tordillo tuerto, gritándome, advirtiéndome, amenazándome, con la fusta en alto.

–No corras que vas a rodar... (Yo, como si oyera llover, seguía al galope largo).

–No corras que vas a rodar... carajo. No corras, gurí de mierda, que vas a rod...

No alcanzó a terminar la frase. El tordillo perdió pie, bajó de golpe la cabeza, se desparramó y salió rodando y tirando barro.

A su costado, las riendas en una mano y en la otra la fusta apuntando al cielo... corriendo... mi padre.

Solamente se embarró las botas hasta arriba del tobillo y se llevó algunas salpicaduras que aquel remolino de tordillo tiró hacia todos lados.

Seguramente nunca volveré a ver tal hazaña, nunca un cuadro de mayor belleza, nunca tal vez una demostración de mayor habilidad como la de aquel médico gaucho que era mi padre. Una verdadera postal de mágico, hermoso y breve realismo.

Cuando volvió a montar, como si tal cosa, compelidos por el asombro y la admiración, los parroquianos del boliche salieron a aplaudirlo...

¿Qué me dice? ¿Vio? ¡Valetrago! Bajando la cabeza, sin embargo. Porque hacía unos ratos que teníamos título ingenioso inventadito y ahora resulta que hay cabalgata y heroica hazaña ridícula y borrachitos saliendo del boliche en ovación y aplauso ¿Qué tenemos, eh? ¡La célebre descarga de la caballería ligera! ¡Nos jodió, el Víctor! Allí está todo: como escenario, la urbana calle y su turbio amorío que permite que el campo, su amante atávico, penetre en la ciudad; como personajes, los héroes funcionales y proporcionales y sus comparsas, el coro de aplaudidores ovacionantes, abandonando la penumbra con entrebrillos de vidrios vaciados sin premura, para sumarse al símbolo: la irrisión de la carne en esa confusa derrota victoria ridícula: la célebre descarga de la caballería ligera...

Acá finó la segunda anécdota. Sepa comprender: trago va y trago viene, uno se achispa y la remata diciendo que un buen monumento a la memoria de estos héroes sería, a modo de aquellos burgueses de Calais de Rodin, este grupo jolgorioso en la vereda del boliche, fijos en sus vítores a los víctores, en quevediana luz de médulas y neuronas quemadas.

Y, para no pasar de achispaos a temulentos, vamos a ir dejándonos de prólogos. Vamos a ir dejando, en consecuencia, de hablar del autor, de su niñez rochense en La Paloma, de su adolescencia partida con su partida para Maldonado, su paso por aulas de Magisterio, su periplo por el canto popular, sus cruces y entrecruces de cercana lejanía con los poetas y cantores y poetas cantores rochenses y trasrochados, su coincidencia de estirpe (cosas del ADN) en escribir poesías y también "Crónicas de Ninguna Parte"...

Es que, tampoco, a quienes andamos en estos días entreverados en la dura changa de merecer a aquellos viejos y abrir nuevos caminos, como corresponde, nos da para hablar demasiado de nosotros, ni "da pa' escribir largo": breves relatorios, despunte de vicios. Y, de vez en cuando, manuscribir un poema, como quien se rasca un hueso dolorido...

Y sírvase la penúltima.

Y salú, y atento, por si pasan los poetas al galope.

Gabriel Di Leone Ascorreta

La célebre descarga de la caballería ligera

a Minú
a Chalito

Mis años guardados
en una mochila vietnamita

Dame el vino.
En el tiovivo los hilos infernales de las moiras
destejen obra y gracia de manolos.

Sandy Billony CROW

norte pluvial

año del nombre a flor de boca

¿quién lo hubiera citado, quién? ¿quién lo hubiera, quién?
con el nombre a flor de boca
ese que contiene ese mundo
al otro lado de su mundo
tan rodeada de esos mundos tan rodeado de su mundo de
       ella
que ella lo estaba soñando
la soñaba despierto la soñaba montado en un bus enclenque
       dormido clareaba
Finisterre Penn ar Bed
la mar
como el amor sí
Pedra de Abalar
como el amor sí
Les îles Sanguinaires
que contiene ese mundo
de esas patrias medianeras
ese amanecer glorioso
encerrado en ella como un señor cautivado

año del molino borracho

Esa dura esclavitud
furia en furioso sol
bruto cerro que mis ojos desaguan.

Esos cinco molinos borrachos
si fueran caracoles en esa sierra
si fueran.

Esa furia contenida
esa vesícula en plomo extirpada
el rifle de mi padre
la perdiz decapitada:
ausencia y sumario.

Este automóvil sureño que ni Kerouac que ni chacra ni
        frambuesa:
piedra gubernamental en el zapato clandestino.

Ese almacén paraguayo
espinillo medio y medio
Las Cañas salame y queso.

Pregunta porqué no suelta:
porqué esa furia ese gusto a mancaperro
ese silencio como muela picada
esos rígidos cerros
los dedos en espina
las enredaderas del río
tanto animal costoso.

Ese dolor apropiado para curva femenina.

Si fuera todo este paisaje.
Si este día fuese ella.
Si esta furia fuese ella.

año del cuaderno de tapa negra

hoy es lluvia.
sobre un cuaderno de tapa negra
dura
la tapa negra es ataúd checo.
hay un norte con armonía y no lo conocía Ludwig
:él no lo conocía.
la tijera chasqueaba
acribillaba palmas rebeldes.
así eran las tardes grises
sin tristeza alguna.
en un norte
habitan silencios de villa
puñaladas agujas & alfileres
cosas
que cuando es lluvia
sobre un cuaderno de tapa negra
dura
la tapa negra de ataúd checo
sabe
cosas
cosas
andurrial del mundo que non esiste più.

año del fuego de octubre

hacerlo tienes porque estás
pisando barro bajo estrellas / lunas de krull
acordadas
tienes que hacerlo porque estás
combatiendo lucha y sangre / *alma de diamante*

hete aquí
fuego de octubre
volutas
tos
tinta raza la flacura

porque estás tienes que hacerlo
cazar
a lanza y sable / chapar el bufoso
patear sayas / voltear carabelas

¡hete aquí!
con ojos milenarios
parada en el fondo de la vida
la casta / no la quimera
el abolengo / no la nube
la coronilla / el puerco espín
¡hete aquí!
en aguaceros
lunares varios
la soledad bajo aviones
el aire con un dedo
así
hacerlo porque estás

año de las cartas archivadas a cal y canto

la vista le jugó una mala pasada
:exploró el muchacho la esquina abandonada
mano en cepillo la leyenda quedóse extracto del pasado

prosperó sus pasos de talón que se harían abrazo
la mirada le jugaba picardía pensaba
:pensaba en cómo dar ese abrazo
cómo hacerlo *fenomenal*

la escoba apoyaba un guiño forastero
una bolsa de bizcochos en la mano no es precisamente algo
        conquistador
quizás un auto verde hiriendo bonitamente una lluvia norteña
        sí
pero una bolsa de bizcochos a media mañana
:no señor no

un miedo tan miedo de perros bravos
¿qué hacer con una botánica de flor de plaza
las galanterías las trochas los forrajes
la perspectiva mientras las sagacidades?

enfocó la bermellón greña *aquélla* melena veinte años a las
        espaldas
al punto de confundir el viso
sacudió la feria desde el patio

el muchacho
dechado de adhesión

creyó organizaría tanta ausencia
:estalló en látigos
:descargó dos llantos
:cerró los ojos con cuartelillo de arrecife
:examinó el lapso de dos cartas archivadas a cal y canto
:imaginó honor por la memoria del espíritu
en ese fusilazo
la cosecha atajó la historia y se la presentó
:Brazos de Rubí, oído de la montaña
¡abrázala,
y no la sueltes!

año del flash mataojo

san jamás paraliza el miriñaque
los suyos ojos
los ojos.

cuatro tipos en la carretera que visten uniformes naranjas
    fosforecen.

en aiguá caen ladrillos como ranchos
muellemente desolados
sin césar distante del mediodía
cercano al claxon campero
al malamente ciudadano.

para alguien la noticia en el otro lado de este mundo
norte fantasma.

ella ya habla otro idioma
el castellano emigró de sus rulos
pasó un flash mataojo por aquellos
abrelabios en el armario del camino a
la laguna muere el marcacompás
el preferido adverbio.

año de la palabra en dificultad

seis y veinte
la palabra en dificultad
bajo mantos el silencio la villa informa
ni sabe que somos la primicia.
  hunde tu carácter imperioso
  mi perspectiva
  de rayar a tiempo perfecto

FICCIONZOTA:
resulto Juan de la Cruz cantinela en cuesta
  mi aspecto
clausura en fase chicote por amor
grecia chamuscando tus reveses mientras canto
vistas de licor intervenidos día viernes
  calina
mazo

  concebir con entusiasmo patria
    estrechamente chiquita
    real efigie vizcaína

  cárdeno
  seducido

  durante

Córcega   sepia   éxodos
  engañifas de dúo atareado

pifio cuando erijo la jornada para siempre y fundo una
    factoría en el arranque a campo la hospitalidad
    fronteriza
ándate dice y echa la taba en mi perfil
:doblete sicalíptico tras la tregua
andate apunta y lunfa porteño a mi periferia
:en la ducha presentarse despoblado

pávida
comulga la
:sujeción

tradición familia propiedad
esa hora sin rayar el alba
la cabecera de la remoción

mochila vietnamita

tu foto intermitente

asómate
rosario de Massimo
al hemisferio Norte
TU
repentina forma de partir ataúdes.

¡LOS INMIGRANTES!

¡Los Inmigrantes!
:qué elegante idea creíble del naufragio.

TÚ
que matriculabas a los recién caídos de las barcas
no tuviste bendición papal

dicen que alojaste
nula opulencia en tu funeral

ni las gestiones culturales políticamente correctas te salvaron

luego,
alguien leyó un poema en tu memoria

:Veré mojar
en exclusiva
el sitio preferido de
tu rostro...

yo pensé –al ser todo oídos– y espichar
en

:una gran idea creíble del desprecio.

no te asomaste,
cristianamente
no lo hiciste.

Solamente conservé en los ojos
el inmaculado perfil pelirrojo
(obsequio)
                    :plano inclinado
momento de montañas italianas
tus dedos
explicaciones dando
diciéndome
:estoy bien

petaca para beberte

catorce mil kilómetros de calles viejas
merecen tus desnudeces
vestida en servilletas traspolares
de carnes tiernas
jugosas / blancas
pero gustosamente rojas
chorreantes / bañativas

bebo allí mismo
tu médula delicada
deliciosa
entre manjar y manjar
una viña cala mis jergas

logro dominar idiomas
portentoso
licuado tras el vidrio

tengo ese sabor culpable como mochila vietnamita
de padre lituano
servidumbre de antepasados impune
no lo conozco nunca lo vi

timonel de charcos
navego tu cuerpo
enteramente fecundo
regado en mi caníbal voracidad

rasguido doble

único mapa de regreso

marianas
y con ellas canaletas del faro
comarca
baladros luces nieblas de neón
faros focos zumbidos estrellas sargos
martínez lanza
cerámicas goles san lorenzo
coco pioli
patada en la cabeza
milton de la torre
tronado el tipo
golero muerto de juego
feliciano
zurda mágica
silvia mónica neyra
niñas de mi estrella voleiball andresito
onda s.a.
animales de estilográfica pajarracos cristo
lucho maurente
sal zucará butiá masa de agua
mar y mar muelle pescaduras
mar
mar y mar
descomunal
milicos
parque miguel rivadavia
pertusso
sanatorio rochense
eliseo marzol callejuelas 28 kilómetros

batistas torreón
calles pozos y con ellos
clivia sánchez
pablito
aerolito mi vida mi intelecto
ustedes yo
el zaguero sin omisión de mi vida
será.
¿qué será
chico?
¿qué será?

Cuando te moriste hicimos de garrapateadores

para el Trotzkij
(04/04/1997-19/04/2010)
gran gato y mejor persona, le encantaba Pavement.

Él sabía entender la soledad en la *Tierra de los vinos*

caerse de las cornisas en la *Calle de las mujeres*

treparse a árboles milenarios en un cielo rayado de aviones

mientras los globos aerostáticos inundaban el pálido
/ celeste de la
Turgovia.

Fin, sí. Pavement, sí. En el cielo con diamantes, con
/ Hemingway en los

Siete valles, triste y azul

y a tu memoria un trago triple de bourbon patriótico.

Texto a cuatro manos con Wilmar Berdino

43

bolsillo con aquella ciudad enorme

¿dónde se supone que estamos?

¿una línea nueva?
¿balasto?
¿macadam?
¿en la aguja de los culpables?

Dos conspiradores
de trasero barroquí
con valija cuadrada
¡dan órdenes!
¡escupen greda!
¡saben a muerto!

Piedraduras
de lamer petróleo
secan la herencia

¿dónde se supone fue asfalto?
¿allí? ¿en Callao casi Las Heras?
brillante hormigón
:el suicidio de María

Yo guardé tus cartas
tu perfume de lo invisible
el amor por mi primo hermano
la enseñanza pre escolar

¡asfalto federal!

Marta y Guillermo
las miradas prendidas
sobre los hombros
del Barrio Norte
recoletos
destrozados
rogando al paso del tiempo
una mirada renacida.

Entender
¿dónde se supone que estamos?

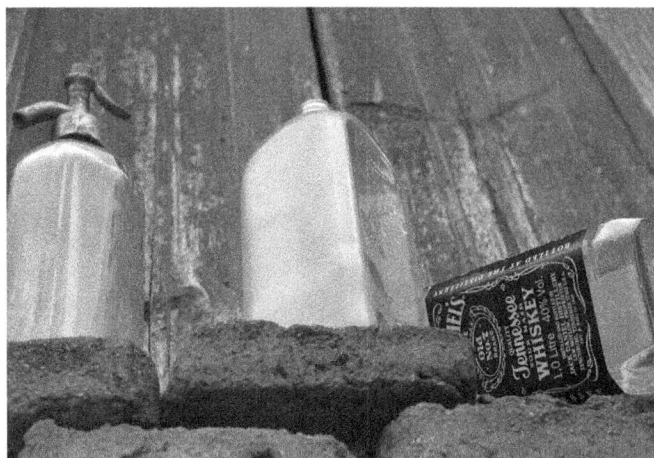

soledosos como bichos

Sin rastros de ebriedad cabalgué hacia la aurora

Malcolm LOWRY

iremos al río

In Memoriam: Víctor G. Fonseca Ricci (1941-2009)

Envejezco canas sobre mis ciclos.
Saudades de caporal sonríen lastiman hipnóticos los espejos.
Riñen. Se surten a picotazos sangrando círculos humeantes.
Me persigo descargado de preguntas.
La intemperie es intervalo, una húmeda pegatina nocturna.
Resido un cuerpo indecoroso sin macramé con pasado glo-
     rioso.

Ese canto de pájaro puede sacar de quicio. Nunca cesa es-
     peso él.
Todo duele. Desmedida razón. Aposento Stampa. Orquesta
     conspirativa mortal.
Pleno el ángulo de salidas imposibles.

Ese soy yo. Gallo interfecto de miedo, sacudido ante avances
     se desagua en cuajarones.
Con patas quebradas en un hilo de vida, la lid clamada.
Alcanzado de inútil expectativa, malgastada la lucha.
Apoyo el fusil sobre el cartón 1964. Apunto. Trato de centrar
     el objetivo. Lo tengo.
Soy yo de nuevo. Dos soles un cielo un mar inmenso. Pura
     menoría.
Todo el mundo mío. El final definitivamente lejano.

El pliegue galán de la piel bajo la cálida brisa balnearia.
Los aisladores chirriando salitre en cortocircuito. Chispas.
Fuego. Noche cerrada. Todas las estrellas con nombre.

Constelaciones, astros, dioses, mitos, seres de la imaginación yendo y viniendo, velando la ronda mientras la edad de a-sombro. Haber sido tan otro años ha. Centro entre aquello y esto. Intimar, reconocerse. Ser realmente oportuno detenido en el tiempo.

Existe esa fiera bajo la cobija. La miro desconfiado, de cotelete como quien no quiere la cosa, pasando de pieza en pieza. De la sala al comedor, del dormitorio a la cocina. Como una estufa que camina. Ardiente, crónico. Bajo humedad pegajosa. Silba la mar a los oídos. Noche de turbación infantil. ¿Dónde está mi padre? ¿Por qué me mira desde una foto mucho más joven? ¿Por qué no está en la cama de al lado? Me desrumbo desde los techos bovedilla. Solemnemente altos, blancos y fríos. Es invierno letal. Cargo en mudez ciega el descubrirme deshabitado en el frío de un cuarto inmenso. Hay un monstruo oculto en el sótano, lo sé. Piso mis pies sobre su cabeza. Alcanzo de una vez esa cama helada. Me meto, cierro los ojos, mi cuerpo no soporta su propio pleno aterido. La foto está ahí. De traje y corbata, de risa garzón. Distingo que morir es algo lejano, lo asumo en lágrimas hasta dormirme en el momento menos pensado tapado por la fiera de mi horror.

Todos ellos quieren volver a ser quienes fueron, dilapidando el bozo y las pocas mañas, parados, odiando el espejo; dudando, al final: cediendo. Volando
barbas bigotes las pestañas de los delatores. Mi coloso es la gran duda, ¿qué puedo hacer con ese dios?

Caían los dientes esperando ratones sin sueño. El hilo sujeto potente tirón. Zás. Afuera. Hilo de sangre cosquilleo con huecos. Reírse soplando frases por esa única salida bucal incontenible. Y una yapa para caramelos Conaprole. Esas tardes donde el otoño parte futuro, donde las fotos esclavizan perpetuamente. Do los soles de esos mares daban patria al existir. Con apenas nada, la clausura arrinconada.

Hacer camino noventa kilómetros Norte veinte años después, llegar, preguntar, descubrir, gritar desde la ventana la figura sugerida a toda carrera por la memoria quién fue y ya casi no es, avistar, sorprenderse, rozar la torpeza ante el agravio permutando domicilio, perdiendo muelas firmeza cuerpo ganas

:confesar otro ser otro estar otro día otra hora otra vez quizás nunca pero nunca más saber que no volverás.

La pérdida de rumbo, el dolor del hígado. Los pies hundidos en la arena voladora, la cabeza elefante. Las manos soltando el balde los hongos cayendo, madre.

Tomatitos colgantes, les decía, pero me contrariaban sus naranjas gajos. Lo son, lo son, mi rabieta chiquilina no se da por vencida así tan fácilmente. ¿La ruta no te deja ver? Sí, no quiero perder la ilusión. ¿Pistas? Matinés, lazarillos, revistas, veranos... ¿Qué más? La ciudad en llamas, la amarga sabiduría de la ruta, este viaje que prometo para más seguido pero más espaciado cada vez, la orilla distante del cordón, la jubilosa recepción desinflada en dos minutos, la desprolija sabiduría vegetal, la espera de la vuelta de ese abuelo que admiro pero no está y si está lo admiro igual distante inmaterial, granos de maíz pollos volando. Frutos agrios para mi gusto. ¿Vigilas los recuerdos? Ella me despertó con un sacudón de la pesadilla. Mi grito despertó todos los miedos, caballos perdidos, Macunaíma fue, él me llamó, caballo de palo, caballo lascanense, potro caído, despeñado a pleno galope, envuelto en dientes quebrados, ojos

desorbitados presintiendo el balazo, el tiro del final, la justa retribución por tanta fidelidad. ¿Sueños de culpabilidad? Morir duele tanto, Mort, cansa tanto,
Cinder, que toda resucitación tiene que ser ayudada por manos abiertas, manos de un amor.

Envejezco arrugas tierra de nadie.
Nostalgias de vigilante ríen. Hieren los retratos.
Combaten: se sirven de filos goteando órbitas ardientes.
Me fustigo estallado de dudas.
El limbo es hueco, una acuosa medusa fúnebre.
Pueblo un campo bellaco sin proyecto en juego célebre.

Valiente. Serlo una, alguna vez. Doblegar el toro corcoveante del miedo.

Exigir mirada sostenida frente a frente. Por una única vez por lo menos por esa única vez por ventura una vez digo y lo digo otra vez sólo una vez barrer de a plomadas esa incapacidad paralizante de no poder decir todo lo que del vientre debe parirse dolorosamente como madre del sufrir. Tomar del cuello ese enemigo acudir a la cita del honor ser capaz de preguntar cilíndricamente toda la duda casual y luego responder cita por cita pláceme por pláceme la inquisición. Ser valiente una primera una solitaria una escasa vez luminosa vez.

Moña en pecho azul varela cincuenta y dos puerto la paloma. Mientras el recreo pasaba el peugeot gris, redondo y feo francés bueno, pasaba día tras día hasta que llegaron ellos de azul de verde oliva de blanco marina de milico llegaron llevaron al cuartel todo mi padre vacíos nos dejaron con recreos cortados por la mitad en nombre de la sagrada reconstrucción nacional malditos sean de por vida malditos sean ellos sus nombres sus manos sus armas malditos sean.

Módulos densos ¿son estos realmente mis ojos?
Siento yunques, uno de cada cielo.
Ayer gozaba un cumpleaños. Mi primo blandía la espada
    de plástico en el jardín Pernas.

Otro primo mayor reía bebía Fanta todos correteaban.
Un espejo reflejaba mi doble imagen –el botón de la camisa blanca prendido de mi cuello– raya al costado. En blanco y negro. Cartón postal. Mis abuelas jóvenes como no recuerdo en serio no recuerdo. Toda la parentela quiero creer que feliz.

No pesaban los párpados abiertos. No pesaban hasta ayer.
Hermana chica ni en fotos no había llegado por la sala el

cirujano recurrente. Surcos negros plomos mis ojos. Bolsas
cansadas donde estuvieron mis cuatro
años tan lejos tan allá lejos y hace tiempo.

Peregrinos mis aliados.
Ellos vibran
ellos vuelan
ellos ruedan
el Bar Rocha ya no espera.

Quién es esta picazón cómo se llama a qué se debe será no-
más que es maligna me pregunto mientras hago cuentas
que nunca el síntoma por qué ahora mejor nunca.

Y yo los conté.
Eran ocho catafalcos pudriéndose en madera y estirpe.
Amontonados. Uno encima del otro.
Un panteón hundiendo yaciendo mismo la nada.
Ellos sacaban fotos de nosotros, humillados y ofendidos.

Todas mis ternuras tienen nombre perdurando en cataratas:
ellas juegan al truco; una cualquier frente se prepara a
recibir el castigo perdedor. Son todos jóvenes, así los persigo
siempre. Vivos y vivos. Sonrientes. Despreocupados, sin
saber el fuego próximo.

Todos condicionados: trascartón tenderemos mantos no
sabemos cómo ni cuándo. Haremos literas catalanas, gui-
saremos granos de campo, saludaremos forasteros, seremos
Jackaroe; beberemos impertinencias, estrecharemos
lomos adobados, calzaremos Alpargatas, jugaremos casín

a tres bandas; leeremos letras expulsas, iremos por arrecifes, pescaremos con el Villalba, seremos rufianes de la frambuesa, feriantes ceramicazos, chaqueños en Villa Gesell, tendremos trescientos pesos, caeremos por los quilombos haciéndonos los poetas, venderemos nuestras propuestas por frascos de miel casera. Iremos al río. Iremos al río. Iremos al río.

Iremos al río.

Intermedio lúdico
Andanzas payadoriles

Aposté que perdía: ¡y gané!

(Participación en el Campoemato de Improversación, torneo de poesía repentista organizado por Carretilleros de Aiguá. Aiguá, mayo 2014).

Los pecados capitales
(tema I)

Érase un primer dilema de
fundidos habitantes de una
Banda Patriota

de noche entre dos barcos
Montevideo - Buenos Aires: el
Vapor de la Carrera.

La futura madre de mi hijo el
Traductor Público
cabía fielmente en la sonrisa.

Ya era amiga de los míos
esos
que en el Tigre retozaban.

Debíamos beber con madera primitiva rumbo
a la capital del miedo.

¿Hacia dónde dirigir las sedes de la tierra conocida?

Érase un cine inmenso
de dos mil butacas forajidas.

Encendióse la pantalla y ella dijo:
Mano a mano hemos quedado.

Tembló la sala en Morgan Freeman
Seven - Los pecados capitales

Apretó su cuerpo a mi vida.

La hamburguesa y el dulce de leche
(tema II)

Régula, la socia suiza de Lilianne,
subarito de diez años –fierro a fondo–
puso proa a Schaffhaussen desde la librería.
Weinfelden me hospedaba hacía cuarenta días
y Berdino recomendó:
"llévate a mi amigo a la frontera y que se
maneje como pueda".

El curso de alemán –Julio Zabaleta mediante–
–CX 38 Radiodifusión Nacional SODRE–
sería mi salvación.

Fui muy simpático con ella / neutralmente gélida
y para ello le regalé un bollón *Conaprole*
de nuestro sagrado tesoro, el dulce de leche.

Toda nuestra charla en italiano
cortó por la tangente la distancia;
ensayó ella, entonces, una sorprendida sonrisa:
–¿Qué es esto, caro mío?
–Y ya lo ves: una porquería.

(Cual cruel mueca de vendetta
largó mi humanidad en las barreras de la aduana).

Caminé, deambulé por el delta del Rhin todo el día
hasta que el hambre obligó a capitular
mi fundamentalismo payasesco.

Leí cartas –menúes varios– sin comprender ninguno
y
capitulando en derrota absoluta
entregué mi alma a un perfecto Mc Donald's.

Los carteles
con los números INMENSOS
fueron lo **ÚNICO**
que entendí
del maldito idioma.

La pala y la escoba
(tema III)

En La Paloma vieja, Viroga,
gran golero de otros tiempos
–acérrimo enemigo del San Lorenzo–
tenía por vecino a Centurión
que en su jubilación
púsose a fabricar escobas.

Era mi contentura
arrimarme por las tardes
a lo del viejo admirable y someterlo a preguntas:
–*¿Por qué es de madera, ese mango, Centurión?*
–*¡Porque anacrónico soy y contra la lata estoy!*
–*¿Y por qué no usa el plástico, que es el futuro limpio?*
–*Porque me gusta la paja, soy soltero empedernido.*

En la otra punta del pueblo
ya mismo en el Barrio Obrero
vivía el *Palito* Calero
conocido jugador,
(pasó del Banfield Varela
a driblear en Costa Azul).

Dicen las malas lenguas
que las chicas del antaño
gustaban de sus diabluras
y acudían en rebaño
y no en balde repetían:
Palito, El Empalador.

Los libros
(tema de cierre)

Mis abuelos tenían bibliotecas dispares.
Tomando la Ruta 13
desde Aiguá hasta Lascano
los libros de la familia, la del doctor Galcerán:
literatura noruega, novelas de todo mundo
y
en abundancia
libros de medicina.

Bajando por Ruta 15
desde Lascano a La Paloma
la *pieza chica*, oculta,
separada de la casa de los otros abuelos
a lo Knut Hamsun.

Allí
en las tardes como hoy
—de lluvia y humedad—
las Selecciones del Reader's Digest
TODAS
del número 1 hasta el FIN

libros qué
—sepan disculpar los presentes—
(libritos
revistitas)
compañeros de este *Campoemato*
sólo puedo vincularlos
—en este cruce de rutas—
con mis muertos más queridos.

Bebamos contra tal impertinencia

en la moño de la ola

resulta que
en el moño del oleaje
la esquina te tira un broder
un broder de la pampa

algo más:
una noche otro broder
un facha poeta
preocupado / entre el jack y la patricia negra /
marinó pabellones aviadores
piropeó a mi chica
que tipo más alcahuete.

algo más:
resulta que
jugaba boca juniors y dos poetas dos
dos broders en armas alzados
aullaban por osvaldo potente el diez de boca juniors.
'y cómo arma el juego
se juega bárbaro con un tipo así' y blá blá blá gol.

la gente pensaba que estaban fanatizados o desubicados
pero era un cuartel en melo la prisión
no estaban locos aún no lo estaban.

los hermanos broders
que no sé que es peor
:la ribera
el manual para conquistar chicas
los veintisiete incendios de moebius
o
las picanas de la vendetta corsa.

ayer han embutido una vez más a los malditos

ayer han picadillo una vez más a los malditos en progreso
         y
en aquella truculencia
donde las tetas eran rosa luna
con gestión y desaforo
el grisgris olvidó
a nito israel de lima
bolea de la peña de la peña pelado peña
canto rodado
miguel roscifredo
:las bravas risas de tus cortes
el quebranto de cintura oh espárrago
las motas artime en pos del cura
me encajé un gorro triciclor hasta lo sojo
ardía la talud *–la incendiaste mantegazza–*
los hicimos picadillo a los malditos olímpicamente
(él quería su tazón con colores ouropretos:
no tomé ese ajenjo, padre
otra enseña garganteé en la catrera)
el médico reía presumido de nieto bolsilludo
el gallinero alborotaba mazorca y charoná
esas eran siestas de verano ah! monje loco
la metralla repetía
:manga atilio cacho mujica mudo ildo peta palo pardo
         cascarilla
¿qué más masnik?
:el pulpa por los siglos de los siglos la bandera en tu balcón
         abuelo

en cualquier hora buena

hay que negarse a escribir para cierta gente
Gabriel Di Leone

en cualquier hora buena
di leone
beber sidra caliente

festejar navidad los papeles eriales
jotaerre sus bigotes yo soy la morsa los beatles
meta mate meta sidra
movido
todo es espectá códice garzo

en cualquier hora buena
pereira
trincar patricia a rolete

prorrumpir tasación tostones mostrencos
psicópata sala dos pinturería de onetti
meta mate meta birra
granizo
patrias queridísimas celada bellaca

en cualquier hora buena
distinguidos
calabozo conmigo

ah de la casa

ah de la casa!!!
gritó el muchacho muy vidriado
ah de la casa!!!
y nadie contestó por cierto
él necesitó un largo rato para darse cuenta del fin de la
      sordera
miró en tonel
bebió los vientos
alzó sus ojos curándose en espanto
la isla se incendiaba
el pájaro escribía
manoteaba la botella de ron glub glub meta canilla
intencional
incendio intencional pensó, pena no le daba
ah del cuartel!!!
gritó la sirena interior como bandera
tom waits flameó
ah del cuartel!!!
acelgas mecían las mares del sotavento.
y nadie contestó por cierto
augurando diamantes
sin ser diademas socialistas.
sospechando que algo estaba saliendo mal
alzó sus vidrios curándose en salud
la isla se consumía en incendio intencional
ah de la mancebía!!! gritó
y miguel fue de molina en molina
ah de la arena consumida!!! gritó
y el cante se merlín lampareó.

tomó la angostura prójima el muchacho
dirigió bao bao arriba la mano derecha
y así como así en el balcón de la mina valencia
descerrajó el tiro final
rígido como patriarca futuro.

maestro

"maestro
el panorama es el siguiente"

:bajo está el vidrio
y los años volcaron en
curvas
de ochenta kilómetros

así están los días
aquí hoy

los ojos puestos en
una cama vacante

un pie descalzo
quemazón al abandonar
    espléndido sofá

ojos pidiendo parto
la ruta emperifollada

"pintorescos
        y
conmovedores"

chicas norteñas
bizcocherías
una polilla sola
ese estrado posible

nuestras
marginales
burocráticas
ideas

colt hubo un silencioso tiro

(a l.m. videoleo por los 5kb donde el mundo cabe)

colt.
hubo un prudente tiro
algo así como una casta de flash cargado a tiempo

en turno el hombre movió sus manos
miró fijamente.
el norte del planeta detuvo sus caprichos sólo para él
presentó respetuosas disculpas

criadora la noche:
la tormenta bramó.
la primera gota fue disciplinada conmoviéndolo todo
el mandadero tocó su hombro recordándole porqué debía
        regenerar la mirada.

un mundo cansado decía el cartel rotoso
en *bagdad café*
jack mojave
la gorda jasmin
la negra brenda
el camino polvoriento
las cicatrices del bombazo.

dobló hacia otro punto cardinal los fuegos del alma
desenvainó la perfecta imagen de la madre repicando voces
        en su oído

minucioso en el grado como si un elepé se doblara por el
        sol del gobi peinó rasuró lavó sus siglos
ciego
eterno
comenzó su ciclo sacudido en la balada del mar salado:
un corto
un maltés
un rasputín
un leo márquez
abrazando sin soltar
apretó su cogote como cobra desesperada.

Aquella tarde yo tomé Anís del Gato

Aquella tarde yo tomé Anís del Gato
era nubarrón tardío
quizás tafetán
quizás palangre
nuez moscada blandiendo púrpura sobre migas
aquella tempestad que supe ser bendecido creyente.
Oh, Dios! ¿Estás allí bajo apuros santos y negros?
Querellas o calumnias
Columpios o almohadas
no sé, no recuerdo bien la urgencia por llegar a destino.
Por aquella tarde yo bebí Anís del Mono
me declaré español.
Bien: supondrán que era pura borrachera
no puede ser que uno afine en godo en lances vaporiles.
Así que sin verbo
ni vaca romántica
sin descalzarme el sombrero cachafaz
mutilado por mérito ajeno
tomé Anís del Norte
porque sí
porque sí nomás.

Izada ceja

izada ceja
evangélica pólvora
"no se enciende una lámpara
para guardarla debajo de una caja"

roce de alientos
algo
licor quizás
flotando en la laguna.

los códigos a punto del
naufragio

vide por oriente

vide por oriente un antitanque
él tomó un lápiz.
transcurría la oratoria por televisión
se llamaba juicio público
mis cuatro whiskys
—otra cosa— querido Jack:
pecos bill sobre otra mcfactor estaba con apego
mientras *perdidos en la noche* tractoreaba
un blindaje de imprenta *Signo*:
la chica conocida predicaba *cómo se debe defender un
      gobierno*

afuera bien afuera la isla era Gorriti y parada mansa
el rayo celestial el mar que alguna vez
baterías de jerez por las tardes de Pájaro
treinta y siete maneras de grises sobre fondos mencheviques
la memoria que intoxica
un lápiz entonces y
mientras la conocida mujer de voz conocida
de ropaje conocido de sexo conocido de ayer enjaulado
defendía un gobierno conocido
manuscritamente
pared en vídeo cabezal el spartak de moscú
cómo se defiende uno de sí mismo
maldito muro

no sé
el grafo tiene nombre propio
la isla que no tengo vuela

los años se casillan *Lucho*
los héroes in vitro al surtidero
no sé
quizás
pero solamente
quizás
me esté muriendo de sueño

hoy estoy de erizo

hoy estoy de erizo
sin savia

acaso ella piensa en mí
será que ella piensa

hoy asumo la palabra en un enchufe
cortocircuitada
electroshockeada

Será que você ainda pensa em mim?
Será que você ainda pensa?

estoy
sin agua   **caliente**
sin agua   **hirviente**
sin agua   **capuchina**
estoy

un organismo entre ceja y ceja
una **corteza catalana** entre los ojos
una **esquina** de quiosco y chocolates

erizo a las cinco de la tarde
bajo juramento frutal y leche descremada
ácida bendición rabassa.

Será que você ainda pensa em mim?
Será que você ainda pensa?

si el loco pega tres tiros
y me pone en la órbita del quinto infierno mismamente
seguro que yo tranqui tranqui
las piedras seguras en su sitio
almacenadas
latosas
supermercadas

estoy de viernes de conejos en manhattan
chau incendios intencionales / incendios premiership
hit the road jack

dónde te metes
en la cárcel del silencio
la tuertidad de tus desapariciones
cuándo él reclama por sus derechos adquiridos

eso me pone como loco me pone

invierno

desde la súplica
aparejado en la sede
danilo servía grappa
eufónico
comisionado en ojos rojos
perillán

agalludo el *coquimbo*
fluencia en la guitarra
mientras **artime** posaba de
fenomenal artillero

con un ataque imprevisto
vizconde en queja y canto
la minucia del tocador
que hizo
del cabeza de mate
un palillo fino
pensionado en la escuela del mar
dejó zancada y sendero

:así pues
esa noche a tanteos de *beachcomber*
callamos todo, hasta el caldo
nuestro diagnosticar del pelilargo
faroles de borrachín

el singulto el ventarrón
bufete milnovecientosetentayuno

porque
hubo un san lorenzo en la paloma
donde paseó serrat aquella sombra

a lo larrigan de missouri
aquel viandante
sin sendero polvoriento
ni miradas hacia la mujer baldada

donde
hubo un porrazo de respeto
aradura inconsciente contra medianoche y remos militares
escoplo en las orejas
EL TITIRITERO
MANUEL
en la parcelación de toda ese pandilla
flor de diana para pollos imberbes

bajo fuego

bajo fuego
teclas
que el deber era oponerse.
tres veces

dice NO.
No pero
SI

sabiendo al recibir el aviso
nombre completo
desnudez concluye
y lo que hace peor
las baldosas que separan
del chasque

todo el contenido
esa masa encefálica
pelvis antes feria
indias manos
de
:ese sobre de manila

alguien nos espera al final del camino

(vicente zito lema)

el botellón de la bodega blanca
se desreglamenta sobre la mesa añeja
mis preguntas son siempre inútiles

viajo a la fría consolación de Ushuaia
con *bezetaele* contamos lo vivido
al pueblo de todos los mundanos aconteceres

y ginebra y grappa y vino con pasas de uva
y desorden y deseos y madera y frío
y apuntes y cuadernos y hombres y perros dogos blancos

el río ya es hielo grueso *fin de siglo*
no entiendo esa risa, esos besos, esa mano saludando
a los aires *y los soldados* blonda monroe
no te entiendo.

nos gusta el *aproximadamente* café
porqué te empeñas en perpetuar la falsa emoción
sabes que todo es mentira,
¿y te suicidas?

no quiero no puedo
sufrir en la banda dúctil
por ese maldito quilombo veraniego del mal comer
puro trabajo puro ojeras

virar si fuera posible
arenero reloj de la vida gozar el instante del esfuerzo espinal
     glorioso del deber cumplido
como el viaje de regreso de Ushuaia

sería la muerte del alcohol el delirio
sería un saludo escénico en el teatro además
además
dramático viaje
sin trescientas sesenta generaciones

no es posible pararte *reloj*
juguete de bolsillo *bezetaele*
artículo imperecedero gracias al hielo
volviendo en el avión de tierra del fuego
escuchando el saludo de tu abuelo y el marinero gritón

ya te vuelves
al final del camino
sabes bien lo sabes
que hay otro tiempo y alguien
nos espera

ÍNDICE

www.ingramcontent.com/pod-product-compliance
Lightning Source LLC
Chambersburg PA
CBHW060345050426
42449CB00011B/2843